MW01715571

Mes DOCUS pour emporter

Rhéa Dufresne
Illustrations de Florence Sabatier

Oiseaux du Québec

Si tu es patient, certains oiseaux peuvent venir manger dans ta main. Toutefois, retiens ceci :

N'offre pas de nourriture salée ou sucrée, de pain ou de pâtisseries, ce n'est pas bon pour eux. Choisis des graines naturelles, comme les graines de tournesol ou de citrouille.

bayard canada

Tu pourras observer les oiseaux partout, même en restant chez toi.

Certains habitent les forêts, d'autres les rivages ou la campagne, et plusieurs vivent dans les villes et les parcs.

Pour t'aider à les distinguer les uns des autres, ouvre ton œil de détective et porte attention à leur **taille**, à la **forme de leur queue** et **de leur bec**, et à la **couleur de leur plumage**.

Tu dois être **discret** et **silencieux** pour avoir le temps d'observer les oiseaux. Ils sont craintifs et s'envolent au moindre bruit.

Avec des **jumelles**, tu peux les admirer de plus loin. Ainsi, tu évites de les effrayer et de les faire fuir.

Pour savoir dans quel environnement tu pourras observer ces petits volatiles, fie-toi aux icones suivants :

- Zone urbaine (boisée ou non)
- Campagne et champs
- Forêt
- Près de l'eau (en ville ou en nature)
- Rivages marins

OISEAUX PRÉSENTS TOUTE L'ANNÉE

Plusieurs oiseaux restent avec nous tout l'hiver. Pour être confortables malgré le froid, certains d'entre eux mangent davantage pour faire des réserves de graisse. Quelques-uns réussissent à baisser la température de leur corps pour économiser de l'énergie. D'autres s'installent en groupe et se tiennent bien collés pour se réchauffer.

Si le cardinal se voit dans une vitre ou un miroir, il peut s'attaquer à son reflet, qu'il prend pour un intrus.

Le **cardinal rouge** impressionne par sa couleur aussi vibrante que celle d'un camion de pompiers. Il n'aime pas du tout partager son territoire. Quand un autre mâle s'approche, il se perche plus haut que lui, au sommet d'un arbre, et crie très fort pour le chasser.

Le geai bleu est le gardien de la forêt. Avec son cri, il prévient les autres oiseaux et les petits mammifères lorsqu'un danger approche.

Le **geai bleu** se nourrit de fruits sauvages, de glands et d'insectes, mais il mange aussi les œufs des autres oiseaux. Avec son amoureuse, il construit plusieurs nids avant de choisir celui dans lequel ils habiteront.

Le **merle d'Amérique** est très vaillant. Il est un des premiers oiseaux à chanter le matin et un des derniers à se taire le soir. Lorsqu'il construit son nid, il peut faire jusqu'à 180 allers-retours dans une même journée pour y apporter tout ce dont il a besoin.

Le **chardonneret jaune** mâle nourrit sa compagne comme un oisillon lorsqu'elle couve leurs œufs.

C'est le champion pour sentir une tempête qui se prépare ! Il en profite pour manger beaucoup et très vite pour prendre du poids et se donner des forces.

La **mésange à tête noire** aime aussi beaucoup manger. Elle se fabrique des réserves sous l'écorce des arbres et sous le lichen. Elle peut cacher une centaine de morceaux en une seule journée.

Quand elle veut prévenir ses amis d'un danger, la mésange à tête noire peut pousser jusqu'à 15 cris différents.

Le **pigeon biset** n'a pas de prédateur. Cela explique pourquoi il se trouve en si grand nombre dans les villes. Il fait son nid un peu n'importe où, même sous les ponts et les autoroutes.

Le superpouvoir du pigeon, c'est son sens de l'orientation. Même s'il se trouve très loin de son nid, il connaît toujours le chemin pour y revenir. C'est pour cette raison qu'il a longtemps transporté des messages pour les humains.

La corneille et le grand corbeau sont très intelligents. Ils peuvent utiliser des outils pour atteindre leur nourriture, imiter le cri de plusieurs oiseaux et même quelques sons humains. Ils sont tous les deux noirs de la queue jusqu'au bec. Le grand corbeau est le double de la taille de son amie et contrairement à elle, il préfère vivre seul.

Pour les distinguer, regarde leur queue en vol. Celle de la corneille est arrondie alors que celle du corbeau pointe comme un losange.

Corneille

Grand corbeau

Le **pic mineur** adore faire des trous dans les arbres. Son bec droit et très dur lui permet de creuser les troncs et les petites branches. Pour être bien certain de ne pas recevoir des copeaux ou de la poussière de bois dans ses fosses nasales, des plumes bouchent ses narines.

Le pic mineur a une longue langue couverte de poils et de la salive gluante pour l'aider à attraper les insectes qui se cachent dans les crevasses des arbres.

La perdrix grise ressemble à une petite poule. Elle vit dans les plaines, les champs et en bordure des forêts. Elle est plus facile à repérer l'hiver parce que sa couleur contraste avec la neige. Elle aime se tenir en groupe pour se réchauffer et se protéger.

L'hiver, la sittelle aime bien se retrouver avec les pics mineurs et les mésanges pour chercher de la nourriture et se protéger des prédateurs.

La **sittelle à poitrine blanche** est une vraie acrobate. Grâce à ses longs doigts forts, elle peut descendre les troncs d'arbres en s'accrochant à l'écorce. Elle peut même se percher la tête en bas pour observer les alentours à sa façon.

Le **canard colvert** est le plus connu au Canada. Si tu l'observes sur un lac ou un ruisseau, tu le verras peut-être dans une drôle de position, le derrière en l'air, la tête dans l'eau, avec ses petites pattes qui barbotent doucement pour le maintenir en équilibre. C'est de cette façon qu'il se nourrit.

Le **grand-duc** est un oiseau nocturne. Il a des yeux et des oreilles super puissants et ses plumes très douces lui permettent de se déplacer sans faire de bruit. Ce hibou se distingue de la chouette par ses aigrettes, des petites touffes de plumes qui ressemblent à des oreilles, mais qui n'en sont pas.

Le grand-duc et la chouette rayée sont un peu paresseux. Ils ne construisent pas leur nid et préfèrent voler celui d'un autre oiseau, ou s'installer dans le trou d'un tronc d'arbre.

La **chouette rayée** excelle à la chasse. Elle vole silencieusement et a de très bons yeux. Contrairement au grand-duc, sa tête est ronde et sans aigrettes. Les rayures sur son cou sont à l'horizontal, ce qui donne l'impression qu'elle porte un petit foulard.

Le **pygargue à tête blanche** est le plus gros oiseau de proie du Canada. Il fait partie de la famille des aigles. Une fois adulte, son bec et ses pattes deviennent d'un jaune aussi vif que le soleil. Ses yeux, tout aussi jaunes, lui donnent une vue de superhéros qui est trois ou quatre fois plus puissante que la nôtre.

Le pygargue à tête blanche construit le plus gros nid de tous les oiseaux qui habitent au Canada. Il peut atteindre la taille d'une table de salle à manger.

Le goéland argenté est un parent très attentif. Lorsqu'il couve, il retourne régulièrement ses œufs avec son bec pour que les petits se développent bien. Une fois éclos, il se dépêche de porter les morceaux de coquilles loin du nid pour éviter que l'odeur attire les prédateurs.

OISEAUX D'ÉTÉ

Certains **oiseaux** préfèrent la **chaleur** et nous quittent pendant l'hiver pour ne revenir que lorsqu'il fait plus chaud. Le voyage qu'ils font pour s'éloigner du froid s'appelle la migration.

Le **carouge à épaulettes** est l'un des premiers à annoncer le printemps.

Il est très courageux quand vient le temps de protéger son nid. Il n'a pas peur d'affronter des oiseaux beaucoup plus grands que lui. Il lui arrive de sautiller en reculant pour attraper son repas composé de petits insectes.

L'hirondelle installe son petit nid de boue presque toujours sur des constructions humaines ; sous les corniches des maisons, dans les granges ou sous les ponts.

L'**hirondelle rustique** est très rapide. Si tu la regardes voler, tu auras l'impression qu'elle s'amuse à faire des pirouettes et des cabrioles dans les airs, mais la plupart du temps, elle tente d'attraper des insectes en vol. C'est son repas préféré.

Le colibri construit un tout petit nid, de la taille d'une pièce d'un dollar. C'est suffisant, puisque ses œufs ne sont pas plus gros qu'un petit pois.

Le **colibri à gorge rubis** possède beaucoup de caractéristiques uniques. Il est le plus petit oiseau du monde. On l'appelle aussi l'***oiseau-mouche***. Il est aussi celui qui a le plus long bec. Il en a besoin pour se nourrir du nectar des fleurs. Il bat des ailes très vite, ce qui lui permet de faire du surplace. Et il est également le seul à pouvoir voler à reculons.

La **bernache du Canada** vole avec ses amis en formation en V ou en longue ligne diagonale. Elles peuvent donc avancer en fournissant moins d'efforts, et c'est plus facile de communiquer entre elles lorsqu'elles souhaitent changer de direction ou prendre une pause.

Le **martin-pêcheur d'Amérique** s'installe sur une branche au-dessus des lacs ou des rivières et attend que ses proies passent tout près. Il plonge alors rapidement son bec dans l'eau pour attraper les petits poissons, les grenouilles et les gros insectes aquatiques.

Le martin-pêcheur a un nid bien spécial qui se trouve dans une petite caverne, tout au bout d'un tunnel qu'il a creusé, aussi long que 5 fois ton bras.

Le **grand héron** porte bien son nom. Lorsqu'il étire son long cou, il peut mesurer plus d'un mètre, à peu près la taille d'un enfant de 4 ans. Il est très patient et peut rester complètement immobile plusieurs minutes, les pattes à l'eau, en ne bougeant que sa tête et ses yeux pour repérer ses proies.

Le bruant des marais vole, bien sûr, mais s'il est dérangé pendant son repas, il lui arrive de se sauver en trottinant sur le sol comme un petit rongeur.

Le **bruant des marais**
fait partie de la grande famille des bruants qui contient une trentaine d'espèces. Il aime installer son nid dans les quenouilles ou les joncs, tout près de la surface de l'eau. Tu pourrais le faire chanter parce qu'il répond très souvent aux sons aigus.

La **sterne pierregarin** porte plusieurs noms : ***sterne commune***, ***estorlet***, ***goélette*** ou ***hirondelle de mer***. Elle aime l'eau. Elle est très sociable et préfère vivre en colonies avec plusieurs amis.

Le pluvier siffleur marche avec les pieds tournés vers l'intérieur. Tu pourras donc facilement reconnaître ses traces sur la plage.

Le **pluvier siffleur** adore la mer et passe toute sa vie sur les plages. Il fait son nid dans un petit trou creusé dans le sol. Par chance pour lui, il a la couleur du sable, ce qui lui permet de bien se cacher des prédateurs.

Le **bécasseau semi-palmé** est un des rares oiseaux à ne pas nourrir ses petits. Dès leur naissance, les oisillons ont les yeux ouverts, leurs grandes pattes ont presque déjà leur taille adulte et ils quittent rapidement le nid à la recherche d'insectes.

Pour attirer les oiseaux
près de ta maison
et pouvoir les observer
le plus souvent possible,
pense à leur offrir le repas.

Si tu souhaites bricoler une mangeoire, perce quelques trous dans une bouteille de plastique recyclée. Glisses-y des bâtonnets en guise de perchoir et verse des graines non salées pour nourrir tes nouveaux amis !

Tu peux simplement leur déposer des graines de tournesol non salées dans une assiette creuse que tu places bien en vue.

Enfin, si tu as envie de cuisiner avec l'aide d'un adulte, prépare des boules de collation à suspendre.

Il te suffit de faire fondre de la graisse végétale (huile de noix de coco solide ou huile de tournesol) dans laquelle tu ajouteras du beurre d'arachide naturel, des flocons d'avoine, des grains de maïs séchés et quelques graines de tournesol ou de citrouille non salées.

Verse ton mélange dans un moule de ton choix en y faisant dépasser une petite ficelle pour pouvoir l'accrocher par la suite. Place la préparation au frigo pendant au moins une nuit.

Le lendemain, le tout sera prêt à être suspendu à l'extérieur.

Catalogage avant publication de Bibliothèque et Archives nationales du Québec et Bibliothèque et Archives Canada

Titre : Oiseaux du Québec / Rhéa Dufresne ; illustrations, Florence Sabatier.
Noms : Dufresne, Rhéa, 1971- autrice. | Sabatier, Florence, illustratrice.
Description : Mention de collection: Mes docus pour emporter
Identifiants : Canadiana (livre imprimé) 20210057238 | Canadiana (livre numérique) 20210057246 | ISBN 9782897704759 | ISBN 9782897704872 (PDF) | ISBN 9782897704889 (EPUB)
Vedettes-matière : Oiseaux-Québec (Province)-Ouvrages pour la jeunesse. | RVM : Oiseaux-Observation-Québec (Province)-Ouvrages pour la jeunesse. | RVM: Oiseaux-Québec (Province)-Identification-Ouvrages pour la jeunesse. | RVMGF : Documents pour la jeunesse. | RVMGF : Guides d'identification.
Classification : LCC QL685.5.Q8 D84 2021 | CDD j598.09714-dc23

Dépôt légal - Bibliothèque et Archives nationales du Québec, 2021
Bibliothèque et Archives Canada, 2021

Direction éditoriale, littéraire et artistique : Céline Comtois
Révision : Nellie Chappé
Correction d'épreuves : Marie-Ève Brais-Villemur
Conception et mise en pages de la couverture et de l'intérieur : Sandy Lampron
Illustrations : Florence Sabatier
Photos : Shutterstock

© Bayard Canada Livres inc. 2021

Nous reconnaissons l'appui financier du gouvernement du Canada. | Canada

Conseil des arts du Canada | Canada Council for the Arts

Nous remercions le Conseil des arts du Canada de l'aide accordée à notre programme de publication.

Cet ouvrage a été publié avec le soutien de la SODEC. Gouvernement du Québec - Programme de crédit d'impôt pour l'édition de livres - Gestion SODEC.

bayard canada

Bayard Canada Livres
4475, rue Frontenac, Montréal (Québec) Canada H2H 2S2
edition@bayardcanada.com
bayardlivres.ca

Imprimé au Canada

PDF ePUB

Une promenade, c'est encore plus amusant avec des défis à relever !

Observe 3 oiseaux différents lors d'une même promenade.

Fais un concours d'imitation de chants d'oiseaux.